vom Leben
dazwischen

vom Leben dazwischen

Nele Klatt

Bibliografische Information der Deutschen Nationalbibliothek: Die Deutsche Nationalbibliothek verzeichnet diese Publikation in der Deutschen Nationalbibliografie; detaillierte bibliografische Daten sind im Internet über dnb.dnb.de abrufbar.

© 2019 Nele Klatt

Herstellung und Verlag: BoD – Books on Demand, Norderstedt

ISBN: 9783743101746

„No need to hurry.

No need to sparkle.

No need to be anybody but oneself."

Virginia Woolf

Inhalt

davor 9
dazwischen 33
danach 79

II

davor.

an die, die sie war

ich

ich bin jung
was heißt dass meine Topfpflanzen nie lange leben
und ich mir die Kippe noch teilen darf
meine Wohnung hat einen Raum
und je nach Tageszeit ist er zu groß oder zu klein

ich bin jung
was heißt dass meine Probleme es auch sind
und Liebe oft nach Wodka schmeckt
mein Alter passt zur Quadratmeterzahl meines Zuhauses
und mein Herz in deine Faust

Großstadtliebe

hinter der Fassade

meiner schönen Stadt

sperrt man die Probleme ein

und schließt dann zweimal ab

wenn doch mal was

nach draußen schwappt

dann wechseln wir

die Straßenseite

die Suche

ich kratz die Tapete ab
auf der Suche nach mehr
es gibt sicher viele Farben
nur schau ich immer weg
im richtigen Moment
wer einmal den Sinn verliert
der kann ihn lange suchen
weil er so klein ist vielleicht
oder so offensichtlich unscheinbar
dass man ihn viel zu schnell
am Bahnhof liegen lässt

3,60 €

die Zeitung vergilbt

wo Kaffeetassen

sie geküsst haben

meine heile Welt

hat immer Gardinen

vor den Fenstern

und Blumen auf den Tischen

3,60 €

zahlst du hier

für ein Stück vom

Frieden mit Aussicht

graue Männer

wenn wir sagen wir haben keine Zeit
dann stimmt das immer
auch wenn man es uns oft nicht glaubt
denn niemand auf dieser Welt hat Zeit
wir sehen vielleicht so aus
aber wir sind keine grauen Männer
wir sind wir
stolpern durchs Leben
blind auf der Suche nach den Sekunden
die sich vor uns entfalten in dem Moment
in dem wir sie berühren
weißt du noch als wir dachten
wir könnten die Glühwürmchen einfangen
ich glaube so fühlt es sich an
zu leben

Risse

da waren Risse

am Boden der Dusche

ganz klein

man konnte sie nur sehen

wenn man sich Zeit ließ

es war genau wie mit den Menschen

dachte sie

und blieb dort unten sitzen

Polaroid

der Abend ist nicht mehr schwer

10 Gramm

wiegen die Polaroid-Bilder in deiner Hand

dass darauf alles schön ist

ist gelogen

aber die Menschen lieben sie

weil dann was zum Festhalten bleibt

Zuhause

unsere Kindheit legt sich

wie Spinnenweben um uns

sobald wir die Tür öffnen

wann ist es passiert

dass uns Einzimmerwohnungen

größer als ein ganzes Haus erschienen

wann ist es passiert

dass wir unbedingt weg wollten

von dem Ort

an dem Bleistiftstriche an Türrahmen

die einzigen Indizien dafür waren

dass Zeit tatsächlich vergeht

Spuren der Sorglosigkeit

stecken in jedem Detail

und wir wundern uns

wieso sie uns nicht schon früher

so angesprungen haben

alte Freunde

vielleicht lieber morgen
vielleicht lieber nächste Woche
vielleicht doch lieber nie
sagst du nicht
aber denkst du
während wir uns das letzte Bier teilen
Enttäuschung ist eine Angewohnheit
die uns beiden nicht steht
und während ich sie zu überschminken versuche
hast du schon dreimal gesagt
dass wir bald zahlen sollten
aber schaust immer schnell weg
wenn die Bedienung vorbeigeht

Höflichkeiten

die Blumen auf meinem Balkon

sind alle tot

nett hier

sagst du noch

bevor du gehst

und ich hoffe trotzdem

dass du irgendwann bereust

mich nie geküsst zu haben

Erkenntnis I

und alle Liebeslieder

schrieben sie

für die hübschen Mädchen

Kleinarbeit

wohin gehen die ganzen Menschen

ohne mich

mit Teilen von mir

irgendwann wenn nichts mehr von mir übrig ist

könnten sie sich alle treffen

und mich wieder zusammensetzen

die Ausstellung

Kunst

sagte Picasso

ist eine Lüge

ich wünschte alle Lügen

wären Kunst

dann würden sie zumindest

schön aussehen

mein Herz wäre eine Galerie

das Date

auf Tinder

haben sie gematched

Einsamkeit und Selbstzweifel

und jetzt

wollen sie die Nacht bei mir verbringen

Nachtgedanken

buchstabier einmal Zukunft ohne die Augen zuzumachen
wir haben keine Probleme
aber die Angst davor hält uns alle fest
wenn sie fragen wo du in zehn Jahren sein wirst
dann hoffst du nur dass es nicht dort ist wo sie gerade stehen

zwischen Abend und Nacht
gibt es immer mindestens zwei Stunden
in denen mich die Gedanken einholen
und mittlerweile kenne ich sie alle beim Namen
macht mich das weniger einsam oder noch viel mehr
buchstabier einmal Zukunft ohne die Augen zuzumachen
und dann sag es mir

Heimweh

wenn sie nach Hause kommt

kommt sie nicht nach Hause

weil ihr Zuhause ist nicht mehr da wo sie wohnt

sie ist davongezogen

wollte es mitziehen

und hat es auf dem Weg verloren

vielleicht liegt es da jetzt irgendwo

alleine

so wie sie

Ecken

halt mich warm

Arme geformt wie ein Haus

ziehen mich in die Stadt mit deinem Namen

wo es vielleicht keine Laternen gibt

aber auch keine Ecken die mir Angst machen

für die Zeit einer Nacht

denn du gehst mit dem Morgen

bist wieder ein Brötchen-Holer ohne Geld

und bald auch ohne Namen

stumm schau ich dir nach

und weiß dass es in Ordnung ist

dass du keine Zeit mehr für Kaffee hattest

dann bleibst du wenigstens eckenlos

die Zuschauerin

und am nächsten Morgen wäscht sie sie ab

die Küsse der Nacht

als wären sie Schmutz auf der Haut

unsichtbare Wunden

und doch alles was sie zusammenhält

keine Liebe

aber nah dran

ist sie als Zuschauerin alleine im Kino

sieht immer wieder denselben Film

und versteht nicht

dass alles nur gespielt ist

I know it´s over

sie braucht dich mehr
als sie dich liebt
hat Morrisey gesagt
und ich glaube ihm
weil du dich manchmal so fühlst
als wäre jeder besser als niemand
weil du manchmal von Liebe träumst
und dann aufwachst
um so zu tun als würdest du noch schlafen

Tauchgang

Kopfschmerztablette

am Boden des Glases

endlich angekommen

ganz unten

wo sie nie hinwollte

die Sicht ist anders

wenn sie verschwimmt

Notstrom

im Energiesparmodus
läuft meine Liebe
kann sie mir sonst
nicht mehr leisten
wenn du mich findest
trotz Notstromaggregat
wird sie dich enttäuschen

Synonyme

ich dachte irgendwann wirst du da sein

und dann auch nicht mehr weggehen

aber die Du´s wechseln immer noch so schnell

und sie gehen alle

gleich neben meinem Namenschild

müssen sie gelesen haben

dass Einsamkeit

mein Synonym für Liebe ist

dazwischen.

an den, der blieb

Frühlingsgefühle

mein Lexikon hat

irgendwo bei Leichtsinn

ein Eselsohr bekommen

press dort deine Liebe

und bin sonst gegen

Konservierungsstoffe

mit dem Krokus

in der Jackentasche

bist du mein Frühlingsgefühl

und ich liebe dich

weil du nicht wusstest

dass deine Blume

giftig ist

Bekenntnis

ich verlieb mich

im Durschnitt zehn Mal am Tag

in dich

und deine Andersart

wir lächeln uns an

schräg von der Seite

aber niemals der gleichen

und wissen dann beide

dass es unperfekter nicht sein kann

und nur deshalb so verdammt gut ist

Details

der Sommer steckt im Detail

und hat den Teufel vertrieben

überhaupt bist du so ganz

anders als der Rest

von mir

und ich glaub ich mag dich

deshalb noch mehr

Mietschulden

dort wo deine Haut

auf meine trifft

habe ich mich eingemietet

unsere Stadt ist zu teuer

und du vielleicht unbezahlbar

aber da war noch Platz

zwischen der Fußmatte

und deinen Sneakern

denn hier passt kein Paar zusammen

und ich deshalb perfekt hinein

Puzzle

ich lass dich

ganz

flüsterst du

und ich hoffe du bemerkst nicht

wie viel von mir

ich selbst schon verloren habe

du

du bist das Kontrastprogramm

für meinen grauen Morgen

du bist der Schonwaschgang

für meine tausend Sorgen

du bist die Liveübertragung

für meine Glanzmomente

und du bist die Nahtoderfahrung

für meine Angstzustände

zwei Fragen

auf dem Weg zu deinem Herz

habe ich immer zwei Fragen:

1. kann ich bleiben

und 2. kann ich mich wieder haben

Zuflucht

für ein bisschen mehr wir
würde ich viel von mir geben
will bei dir einziehen
in die groben Maschen deines Pullovers
ein Zuhause setzen
ich brauch nicht viel Platz
nur ein bisschen Abstand
von dem Mensch der ich nicht werden will
bei dir ist es leichter leicht zu sein
weil auch du die Narben der Kindheit
wie stolze Tätowierungen trägst
und der Geruch nach Sommer
nie ganz aus deinen Haaren verschwindet
zwischen Haut und Herz
wäre ich deplatziert glücklich
und noch ein Stück näher daran
mich selbst in dir zu verlieren

am Ende

und wenn es Liebe ist am Ende dann war es gut

und wenn es nur ein bisschen Gefühl ist dann

nimm es und steck es ein

hauch in kalte Finger vielleicht bleibt es dann warm

aufgewärmt ist besser als abgekühlt

und wenn es alles nur noch Erinnerungen sind

dann sind wir vielleicht alt

aber vielleicht muss man das dann nicht mehr bereuen

wir

wir sind eine Polaroid-Liebe
leicht verwackelte Momente
reihen sich an die nächsten
sind zu dunkel oder zu hell
aber nie etwas dazwischen
obwohl zwischen uns ne Menge ist

wir sind unhaltbar
und nichts kann uns einfangen
und deshalb auch nicht auffangen
sollten wir stolpern
aber wenn einer fällt
fällt der andere auch
und wenn dich einer hält
dann hältst du das aus
weil nichts schöner ist
als ein Frühstück serviert auf
wundgeküssten Lippen
und ein Abendessen zwischen zerknitterten Laken
und Armen die dich drücken

für den Moment zu leben

war nie so leicht wie mit dir

und ich hoffe dass am Ende mehr von uns bleibt

als nur ein Polaroid-Bild und ein Text auf Papier

Telefonbuch

wir glauben nicht an Schicksal
aber ich glaube an dich
und dass das Ende immer gut wird
vielleicht ist das manchmal mehr als genug

wenn ich keine Worte finde
dann soll ich dich anrufen hast du mal gesagt
und dann hören wir uns gegenseitig beim Schweigen zu
bis wir mit Stille vollgetankt sind

ich besitze seit neuestem ein Telefonbuch
aber bis jetzt steht da nur deine Nummer drin
und die kann ich sowieso auswendig

immer noch

aber anders

...

Grenzen

mein Optimismus

reicht nur bis zum Küchenfenster

und deshalb

lassen wir die Vorhänge heute zu

167 km

sonntags spielen wir Tabu

und du darfst alles sagen

bloß niemals Abschied

bevor Vermissen eine Konstante

in meinem Leben wurde

warst du es mal

aber jetzt liegen

zwischen deinem Bett und meinem

167km Fremdheit

und ich schlafe schlechter

als ich zugebe

Ballast

dieses Gefühl

wiegt so viel mehr als ich

kein Wunder also

dass es mich regelmäßig

erdrückt

blau

wir trinken Wodka

aus Pappbechern

um nichts zu zerbrechen

denn am Boden

liegen schon so viele Scherben

kann nur noch raten

dass der Teppich darunter blau ist

so wie du und ich

heute Nacht

Waschtag

hier

passt nichts mehr so richtig

denn die Menschen

sind alle in der Wäsche eingegangen

und auch wir

drehen unsere Runden

schon lange nicht mehr im Schonwaschgang

für immer

wir sagen gerne Sachen wie

für immer

und meinen

dass wir nicht wissen wer wen als erstes verletzt

seit wir aufgehört haben von später zu reden

reden wir ein bisschen mehr vom hier und jetzt

Andenken

dein Geruch

hängt noch in den Bettlaken

auch wenn du nicht da bist

zwischen Decken und Kissen gefangen

ist er die erste Umarmung des Tages

und manchmal auch die einzige

von dir

hab ich immer noch das kleine Foto

im Geldbeutel

und das wiegt oft schwerer

als alle Münzen

Mauern

du und ich

das war schon immer

der Weg ohne Ziel

und die Reise ohne Ende

ich glaube daran liegt es auch

dass keiner von uns bremsen will

obwohl wir die Mauern schon sehen können

deine Pullover

deine Pullover

sind wie das Meer

viel zu groß

und meistens blau

glaub mir wenn ich sag

ich wollte noch so viel schreiben

aber ich bin

darin

ertrunken

…

Hamburg

es geht noch ein Zug nach Hamburg

heute Nacht

sagst du und meinst dass wir mal wieder weg sollten

wieso Hamburg frage ich

und du erklärst mir dass die Menschen dort glücklicher sind

das hast du irgendwo gelesen

wie so vieles von den Dingen

über die wir reden immer wenn es still wird

Hamburg muss schön sein

sage ich noch

bevor wir schlafen gehen

Glückskippe

wir fühlen uns erwachsen

und klopfen dreimal auf Holz

bevor wir die Glückskippe rauchen

doppelt hält besser

sagst du

und ich weiß

dass das auch der Grund ist

warum du nicht einfach gehen kannst

Kleingeld

trink nicht zu viel

sagst du

dann bleibt das Glas

halb voll

du ziehst deinen Optimismus

aus dem Kaugummi-Automaten an der Ecke

und mir

fehlt wie immer das Kleingeld

Sturmwarnung

wir sind der Regen

denn wir reden

ohne uns zu hören

ohne jemals zuzuhören

oder jemals aufzuhören

bis wir zum Sturm werden

SOS

dreimal kurz

dreimal lang

dreimal kurz

ziehst du an deiner Zigarette

und nur ich bemerke

deinen Hilferuf in der Nacht

Klebstoff

bei dir

leg ich immer noch die Kleidung ab

aber behalte jetzt die Zweifel an

wie eine zweite Haut

wenn du mich zu lange berührst

bleiben sie vielleicht auch an dir kleben

die Architektin

mein Weg

hat keine Richtung mehr

Das sind nur parallele Straßen

zwischen dir und meinen Zukunftsängsten

früher war ich noch gut im Brücken bauen

aber in letzter Zeit finde ich dein Ufer nicht mehr

Käfig-Liebe

wohin mit dem Gefühl

in dieser Käfig-Liebe

haben uns hier eingesperrt

und plötzlich ist kein Platz mehr für zwei

zu nah um noch zu brennen

zu schwach um sich zu trennen

Gitterstäbe aus Gold halten am besten

das Zelt

wir bauen ein Zelt auf

mitten in der Wohnung

weil du den Sommer zurück brauchst

und ich dich

beides ist verloren gegangen

irgendwo im Herbst

zwischen zu wenig Liebe und zu viel Stille

sitzen wir in der Dunkelheit

und zwischen zu vielen Kissen und zu wenigen Küssen

sind wir ein Zelt in einem Zelt geworden

denn lehnen wir uns aneinander

stürzen wir ein

der Morgen danach

wenn du genau schaust

dann ist da noch Konfetti

versteckt zwischen den Sofa-Kissen

waren mal mehr als leere Sektflaschen

und der Streit nach der Frage

wer wieder aufräumt

wenn die Scherben schon liegen

kann man nur noch kehren

hast du mal gesagt

und ich frag mich wann es passiert ist

dass unsere Wundertüte platzte

zwischen Pappbechern und Luftballons

bist du mein Morgen danach geworden

und ich will das Licht wieder ausmachen

damit wir nicht sehen müssen

wie hässlich wir sind

zueinander

Stauraum

ein halber Meter

trennt deine Meinung von meiner

sobald wir anfangen zu reden

weil es dann leichter geht

sich immer zu verpassen

wie den letzten Bus

waren mal lückenlos verliebt

aber brauchen jetzt mehr Platz

und ich frag mich was da rein soll

in diesen halben Meter Stauraum

den wir uns gebaut haben

für Liebe ist er glaub ich nicht

Klippenspringer

ich sehe der Kluft zwischen uns

beim Wachsen zu und frag mich

ob ich den Moment schon verpasst habe

an dem ich hätte springen sollen

aber ich war nie gut in Sport

und du nie gut im Festhalten

du bist mehr der Typ fürs sich fallen lassen

weshalb ich jetzt am Boden lieg

unsere Liebe

in die Ecken

stopf ich alles

was wir uns verschweigen

und lüfte

jeden Tag fünf Mal

damit wir nicht ersticken

wenn du meinst

wir sind

ein bisschen komplizierter

als geplant

nicke ich nur

und bringe weiter

unsere Liebe

mit dem Müll runter

Fragen an dich

Liebe macht blind

oder

warum aber

bist du dann so taub

Beigeschmack

wir

hat seinen Beigeschmack verloren

wie ein alter Kaugummi

und übrig bleibt nur

das Fragezeichen auf der Zunge

das zu groß zum Schlucken ist

Notausgang

ich bin deine Abstellkammer

für Gefühle

wollte diese Mikrowellen-Liebe nie

und wärm doch schon wieder

Sorgen zum Frühstück auf

bin einsamer mit dir

als jemals alleine

und wäre so gern selbst ein Fenster

mit besserer Aussicht

doch bin und bleib

der Notausgang

die Festung

ich hab

an deinem Gefühls-Nordpol

eine Festung gebaut

und im Schnee

ein Feuer entfacht

das brennt jetzt dort

nur noch für mich

Fliegentod

von da wo ich jetzt steh

ist es schwer uns noch zu beurteilen

wenn ich frag wo unsere Liebe ist

dann gehst du in den Keller

das Schlimmste ist dass ich genauso wenig ohne dich

wie mit dir kann

früher hab ich immer versucht jedes Insekt zu retten

das sich bei uns im Haus verirrte

ich verstand nie warum die Fliegen gegen die Scheibe flogen

obwohl das Fenster offen war

heute bin ich selbst genauso

wenn jemand fragt warum ich nicht geh

dann weiß ich nie wohin

die 4 Wände sind entweder Schutz oder Käfig

und wer drinnen sitzt darf aussuchen

Schuldfrage

jedes Mal wenn du gingst

warf ich einen Stein ins Wasser

und jetzt ist da ein Berg zwischen uns

so als ob es von Anfang an

nur meine Schuld gewesen wäre

Schräglage

auf dem Teppichboden

meiner Tatsachen

und deiner Unverbindlichkeit

schien es schräg

noch Synonyme für die Liebe

zu suchen

die längst schon

umgezogen war

Erkenntnis II

neulich hab ich

mein Herz

im Kühlschrank wiedergefunden

und es hat mich nicht mal mehr gewundert

danach.

an die, die sie wurde

schlechte Vergleiche

ich kann nicht sagen was fehlt

wenn du fehlst

es ist wie wenn du

ertrinkst

und dich jemand fragt

warum du nicht einfach atmest

bei all dem Sauerstoff im Wasser

Abendroutine

auf meinem Balkon

stehen immer zwei Stühle

damit man nicht gleich merkt

wie einsam ich bin

wenn es zu still ist

ändere ich dreimal das Lied

und hoffe dass du anrufst

partie à trois

seit du weg bist

erkundigen sich viel mehr Leute nach dir

und es sind alles Männer

die dann Kaffee trinken wollen

und dabei versuchen

nicht über dich zu reden

als ob sie wüssten

dass meine Gedanken sowieso schon

voll von dir sind

je länger

je länger wir uns nicht mehr lieben

umso weniger kann ich dich noch mögen

ich dachte immer

in Erinnerungen ist alles besser

warum dann nicht du

Projektion

du warst

die weiße Wand

an die ich meine Träume

werfen konnte

jetzt bin ich wieder allein

und hab nur mich

aber auf mir hat das Leben

doch schon so viele

Graffitis hinterlassen

Stammgast

ich räum ein bisschen Platz ein

jeden Abend

für die langsamen Lieder

und Gedanken an dich

seit du nur noch in meiner Erinnerung

Stammgast bist

ist mein Herz pleite gegangen

ohne dich

da wo keine Liebe wohnt

da wohne ich

hier gibt es Bilder an der Wand

und Pflanzen auf dem Tisch

hier steht immer noch das alte Radio

und im Flur flackert das Licht

hier ist alles wie immer

nur jetzt ohne dich

Optimismus

manchmal habe ich auch einen guten Morgen

dann denke ich erst beim Frühstück an dich

Wunden

neuerdings

klebe ich Pflaster

auf alles was mir wehtut

und hoffe

dass ich irgendwann

das Herz erreiche

dein Lied

repeat

dein Lied

auf Endlosschleife

in Endlosnächten

die wir früher liebten

und ich heute hasse

genau wie

dein Lied

repeat

Schwestern

als die Liebe gegangen ist

hat sie das Vermissen dagelassen

die kleine Schwester meiner großen Traurigkeit

sitzt jetzt bei mir auf dem Sofa

und kritzelt deinen Namen an alle Wände

Post-it Notes

und zwischen viel zu wenig

und viel zu viel

da stehst immer du

das Fragezeichen-Gekritzel

auf dem Post-it meiner Gedanken

verschmiert und zerknittert

so wie ich mich manchmal fühl

nach einer langen Nacht im Neonlicht

und egal welches neue Kapitel ich aufschlage

da klebt der kleine gelbe Zettel

und ich müsste ihn nur abreißen

trau mich aber nicht

der letzte Blick

ich dachte

du wärst weg

aus dieser Stadt

doch dann hab ich

in den Falten meines Vorhangs

deinen letzten Blick gefunden

der verblasste Beweis

dass wir den nächsten Morgen

nicht mehr schafften

und ich trotzdem an dich denken muss

wenn es dunkel wird

Freitagabend

ich trag jetzt

enge Kleider

fühl mich weniger schön

und mehr zerbrechlich

wer zu lange hinschaut

merkt vielleicht

dass du mir immer noch fehlst

Wahrheiten

die Wahrheit ist
ich habe jetzt viel mehr Platz im Bett

die andere Wahrheit ist
eine Seite gehört trotzdem noch dir

Staub

den Staub vor meiner Tür

sehe sowieso nur ich

und deshalb bleibt er dort

manchmal wenn ich nach Hause komm

hoffe ich deine Fußspuren darin zu finden

den Beweis

dass auch du noch an mich denkst

neulich wäre ich fast durch deine Straße gelaufen

und näher war ich dir seit Wochen nicht

ich würd dich gerne anrufen

aber hab Angst dass du dann hingehst

oder es nicht tust

wenn du meine Nummer erkennst

halbe Menschen

ich packe mich

ich reiße mir mit beiden Händen

das Herz auseinander

und frage

wo bist du

komm da raus

ich kann dich nicht mehr tragen

zwei sind zu schwer

für einen halben Menschen

Die Leiden der jungen Dichterin

wenn ich die Wörter

nicht irgendwann aufschreibe

ersticke ich dann an ihnen

vielleicht könnte ich auch

darüber reden

nur bin ich darin nicht

so gut

Nichts

die Leere nimmt mich ein

wie kann die Gegenwart von Nichts

so präsent sein

Alleinsein ist wie ein Vorwurf

an uns selbst

das Finde-den-Fehler-Suchbild

in jedem abgegriffenen Wartezimmer-Magazin

Größenordnung

vielleicht

ist mir mein Leben

einfach ein bisschen zu groß

wenn ich es nur

für mich alleine hab

Samstagabend

ich schminke mich so lange

bis ich einem wie dir

gefallen könnte

jetzt sehe ich weniger nach mir

und mehr nach schlechtem Sex aus

als ich eigentlich wollte

Lückenfüller

der

mit dem Lückenfüller-Gesicht

hat eine Stimme die viel weniger nach

Zuhause klingt

weshalb ich ihm Blicke zuwerfe

und hoffe dass seine Haut

nicht nach dir riecht

die Heimsuchung

du suchst mich heim

während ich ein Heim suche

in allen neuen Ecken

wartet dein Schatten schon

und flüstert mir zu

dass ich auch hier nicht richtig bin

Postskriptum

ich wollte dir eine Karte schreiben

von all den Orten ohne dich

das Wetter ist gut

kann alles so bleiben

PS: denkst du noch an mich

Begegnungen

wenn wir uns

mal auf der Straße begegnen

dann ist das

so tun als würden wir uns noch kennen

genauso traurig

wie das

so tun als hätten wir uns gar nicht gesehen

Bruchstücke

in der Küche

meiner Wohnung

ist mehr zerbrochen

als nur Geschirr

ist lange her

doch manchmal find ich noch

Bruchstücke von dir

Schattenspiele

was mir fehlt

bin ich selbst

ich kann nicht länger

mein eigener Schatten sein

alte Bekannte

wenn die Angst kommt

dann brauch sie sich nicht mehr

zu verkleiden

wir kennen uns

sind alte Bekannte

und dann ist es wie so oft im Leben

wenn

schön dich zu sehen

auch heißt

ich hab dich eigentlich nicht vermisst

Morgenroutine

in letzter Zeit

wach ich immer vor dem Wecker auf

und dann mach ich zehn Bilder

vom Sonnenaufgang

die ich niemandem zeig

Erkenntnis III

ich wollte immer gut sein

aber nie ich

obwohl beide Wörter

nur drei Buchstaben haben

Gespräch unter Vertrauten

sind wir noch

die Gleichen

flüstert der Boden

meiner Wohnung

ein bisschen zu oft

nein

sage ich

beim dritten Glas

und er versteht

dass ich lieber teuren Wein kaufe

als uns abschleifen zu lassen

Schwimmübungen

als Frau

könnte ich dein Ufer sein

an das du immer zurückkehren kannst

könnte ich dein Hafen sein

in dem du immer Ruhe findest

könnte ich dein Leuchtturm sein

der die immer den Weg nach Hause weist

nur leider schwimme ich lieber selbst im Meer

mein Herzschlag

mein Herzschlag
gehört nur mir selbst
denn das Tempo in dem ich lebe
kann keinem anderen gleichen

und ich habe beschlossen
damit zufrieden zu sein

Danke

Wem ich zuerst danken will, bist du.

Danke, dass du dir ein bisschen Zeit genommen hast, für meine Worte und meine Gedanken. Nicht alle diese Gedichte liegen nah an meinem Leben aber sie liegen mir alle sehr am Herzen. Ich bin unglaublich stolz, mit diesen letzten Sätzen am Ende einer sehr langen Reise angekommen zu sein.

Auch meiner Familie und meinen Freunden möchte ich danken. Während ich das hier schreibe, weiß zwar noch niemand von euch, dass dieses Buch existiert, trotzdem habt ihr mich auf meinem Weg dorthin sehr unterstützt. Ohne eure Liebe und Wärme, eure Ratschläge und Hilfe, wäre ich nicht der Mensch, der ich heute bin. Ihr gebt mir immer wieder die Kraft, an mich selbst zu glauben und meinen Träumen zu folgen.

Dieses Buch ist deshalb meinen Eltern, meiner Schwester, meinen besten Freundinnen und meinem Freund gewidmet.